Todos los libros de Linkgua Ediciones cuentan con modelos de Inteligencia Artificial entrenados por hispanistas. Pregúntale al chat de tu libro lo que desees acerca de la obra o su autor/a.

Para ebooks: Accede a nuestro modelo de IA a través de este enlace.

Para libros impresos: Escanea el código QR de la portada con tu dispositivo móvil.

Obtén análisis detallados de nuestros libros, resúmenes, respuestas a tus preguntas y accede a nuestras ediciones críticas generativas para una experiencia de lectura más enriquecedora.
La transparencia y el respeto hacia la autoría de las fuentes utilizadas son distintivos básicos de nuestro proyecto. Por ello, las respuestas ofrecen, mediante un sistema de citas, las fuentes con las que han sido elaboradas.

Cristóbal de Castillejo

Poemas

Barcelona 2024
Linkgua-ediciones.com

Créditos

Título original: Poemas.

© 2024, Red ediciones S.L.

Diseño de cubierta: Michel Mallard.

ISBN rústica ilustrada: 978-84-9816-593-7.
ISBN tapa dura: 978-84-1076-040-0.
ISBN ebook: 978-84-9897-647-2.

Cualquier forma de reproducción, distribución, comunicación pública o transformación de esta obra solo puede ser realizada con la autorización de sus titulares, salvo excepción prevista por la ley. Diríjase a CEDRO (Centro Español de Derechos Reprográficos, www.cedro.org) si necesita fotocopiar, escanear o hacer copias digitales de algún fragmento de esta obra.

Sumario

Créditos	4
Brevísima presentación	9
La vida	9
Contra los encarecimientos de las coplas españolas	11
Final	17
Reprensión contra los poetas españoles	19
Respuesta a un caballero	23
A otro, por otro tanto	25
A otro, por lo mismo	27
A uno que quería que le glosase un mote	29
A uno que apostó de hacer una copla	31
Respuesta	33
A una dama	35
A un amigo	37
A un mal pagador	39

A una que se casó con un barbero   41

A un caballero   43

A una guarnición de terciopelo   45

Mercado a su chamarra   47

Su chamarra a mercado   49

Su chamarra a Canseco   51

Canseco a su chamarra   53

Pregón general   55

A un maestresala   61

Ciertos caballeros al autor   63

Respuesta del autor   65

Razonamiento de un capitán a su gente   67

A un caballero su amigo   69

A un vizcaíno pidiendo aguinaldo   71

El mismo   73

A un hermafrodito   75

Sonetos	77
I	79
II	81
III	83
Mas ellos	85
¿Quién no llora lo pasado?	89
Dame, amor, besos sin cuento	91
Canción	93
I	95
II	97
Villancico	99
Visita de amor	101
Libros a la carta	105

Brevísima presentación

La vida
Cristóbal de Castillejo (Ciudad Rodrigo, 1490-Viena, 1550). España.
Nació en Ciudad Rodrigo hacia 1492. Fue monje en el convento de San Martín de Valdeiglesias, y lo abandonó para ejercer el cargo de secretario del hermano del Emperador Carlos V, don Fernando, que era rey de Bohemia. Vivió una vida bastante disoluta, de amores y gastos que agotaron todos los beneficios y prebendas que sus cargos le proporcionaban. Se enamoró de una joven dama alemana, Ana de Schaumburgo, quien lo dejó por un noble bohemio. Desilusionado y arruinado, se retiró y murió en un convento en Viena.

Castillejo se enfrentó a las influencias italianas que por entonces eran dominantes en España. Su poesía se mantuvo dentro de las formas tradicionales castellanas.

Contra los encarecimientos de las coplas españolas

Estando conmigo a solas,
Me viene un antojo loco
De burlar con causa un poco
De las trovas españolas
Al presente;
De aquellas principalmente
Muy altas, encarecidas,
Excelentes y pulidas,
Que mucho estima la gente;

Y de aquellos extremados
Que por estilo perfeto
Sacan del pecho secreto
Hondos amores penados.
Son del cuento
Garci-Sánchez y otros ciento
Muy gentiles caballeros,
Que por caos cancioneros
Echan suspiros al viento.

No se me achaque o levante
Que me meto a decir mal
De aquel subido metal
De su decir elegante;
Antes siento
Pena de ver sin cimiento
Un tan gentil edificio,
Y unas obras tan sin vicio
Sobre ningún fundamento.

Los requiebros y primores
¿Quién los niega, de Boscán,
Y aquel estilo galán
Con que cuenta sus amores?
Mas trovada
Una copla muy penada,
Él mismo confesará
Que no sabe dónde va
Ni se funda sobre nada.

Aunque no por un tenor,
Todos van por un camino;
También sabe Guardamino
Quejar su mal y dolor
Sin paciencia;
No hay dél otra diferencia.
Al que se cuelga de un hilo,
Que no ser tal el estilo
Sobre la misma sentencia.

Y de aquí debe venir
Que contando sus pasiones,
Las más comparaciones
Van a parar en morir;
Van de suerte
Que nunca salen de muerte
O de perderse la vida;
Quitaldes esta guarida,
No habrá copla que se acierte.

Por donde los trovadores

Son de burlas y reír
Que no se dan a escribir
Sino penas y dolores.
¡Cosa vana,
Que la lengua castellana,
Tan cumplida y singular,
Se haya toda de emplear
En materia tan liviana!

Coplas dulces, placenteras,
No pecan en liviandad,
Pero pierde autoridad
Quien las escribe de veras,
Y entremete
El seso por alcahuete
En los misterios de amor;
Cuanto más si el trovador
Pasa ya del caballete.

Y algunos hay, yo lo sé,
Que hacen obras fundadas
De coplas enamoradas,
Sin tener causa por qué.
Y esto está
En costumbre tanto ya,
Que muchos escriben penas
Por remedar las ajenas,
Sin saber quién se las da.

Pero digo que arda en ellas
De los pies a la cabeza,
Decidme, ¿a quién endereza

Sus coplas y sus querellas?
Si las vende
A la dama que le prende,
¿Qué mayor desaventura
Que hablar por escritura
Con quien sé que no la entiende?

Cuanto más que ni leer
Las más saben ni escribir.
Y en el dar o recibir
Aún hay algo que hacer.
Mal mascada
Vais, copla desventurada,
Y la que más os estima
Devana su seda encima,
Y quedáis vos allí aislada.

Ved qué donoso presente,
Que la que más fe aventura
Por gozar de esta locura,
Ni la gusta ni la siente;
Y el provecho,
Es que por vuestro derecho,
Alguna dama loquilla,
Dirá por gran maravilla:
«¡Ay, qué coplas que me han hecho!»

Pues si donde era razón
Tan pequeño fruto hacen,
Con los demás, aunque aplacen,
Deshonesta cosa son,
Y muy vano

Ejercicio, y aun profano,
Publicar yo mis flaquezas,
Liviandades y bajezas,
Y escribirlas de mi mano.

Sobra de bien y pan tierno
Hace que los amadores
Comparen el mal de amores
A las penas del Infierno.
Tú, Cupido,
Estás muy favorecido
Pensando que aquello es,
Mas donde hay dolor francés
El tuyo queda en olvido.

Final

Coplas y locuras mías,
Vuestro tiempo se ha llegado
Para aliviar el enfado
Destos trabajosos días.
Todas pasaréis por buenas,
Siendo aquel que os da favor,
Por natura mi señor,
Y por suerte mi Mecenas.

Reprensión contra los poetas españoles

Pues la santa Inquisición
Suele ser tan diligente
En castigar con razón
Cualquier secta y opinión
Levantada nuevamente,
Resucítese Lucero,
A corregir en España
Una tan nueva y extraña,
Como aquella de Lutero
En las partes de Alemaña.

Bien se pueden castigar
A cuenta de anabaptistas,
Pues por ley particular
Se tornan a bautizar
Y se llaman petrarquistas.
Han renegado la fe
De las trovas castellanas,
Y tras las italianas
Se pierden, diciendo que
Son más ricas y lozanas,

El juicio de lo cual
Yo lo dejo a quien más sabe;
Pero juzgar nadie mal
De su patria natural
En gentileza no cabe;
Y aquella cristiana musa
Del famoso Joan de Mena,

Sintiendo desto gran pena,
Por infieles los acusa
Y de aleves los condena.

«Recuerde el alma dormida»
Dice don Jorge Manrique;
Y muéstrese muy sentida
De cosa tan atrevida,
Por que más no se platique.
Garci-Sánchez respondió:
«¡Quién me otorgase, señora,
Vida y seso en esta hora
Para entrar en campo yo
Con gente tan pecadora!»

«Si algún Dios de amor había,
Dijo luego Cartagena,
Muestre aquí su valentía
Contra tan gran osadía,
Venida de tierra ajena.»
Torres Naharro replica:
«Por hacer, Amor, tus hechos
Consientes tales despechos,
Y que nuestra España rica
Se prive de sus derechos.»

Dios dé su gloria a Boscán
Y a Garcilaso poeta,
Que con no pequeño afán
Y por estilo galán
Sostuvieron esta seta,
Y la dejaron acá

Ya sembrada entre la gente;
Por lo cual debidamente
Les vino lo que dirá
Este soneto siguiente:

Respuesta a un caballero

Una copla me enviastes,
Señor, mala yacija,
Hecha con pies de estornija;
El mal es que trasnochastes,
Y al cabo paristes hija.

Mas, sin más satisfacción
De los yerros que hay en ella,
Sois digno de haber perdón
Siquiera por la pasión
Que pasastes en hacella.

A otro, por otro tanto

Vuestras copias recibí,
Y es cierto que, si no fuera
Porque no digáis de mí
Que de envidia no las vi,
De asco no las leyera.

Y porque daros razón
De los yerros que llevaban
Era daros más pasión,
No os digo sino que son
Cuales de vos se esperaban.

A otro, por lo mismo

El que las coplas hicistes,
Todos los que las miramos
Sabed que en deuda os quedamos
De la risa que nos distes;
Pero vos de vos y dellas
Quejaros también podréis,
Porque el tiempo nos debéis
Que gastamos en leellas.

A uno que quería que le glosase un mote

No sufre glosa ninguna,
Porque huyen de rondón
La razón y la intención
Por su parte cada una.

Y de tal entendimiento
El mote tan lejos va,
Que no lo confesará
Sino a fuerza de tormento.

A uno que apostó de hacer una copla

Pues falta no hay en vos,
Desempeñad vuestra prenda,
Que esta cifra de contienda,
Mejor me perdone Dios
Que vuesamerced la entienda.

Y mirad a qué me atrevo,
Que aunque la echéis en la cama
Yo lo consiento y apruebo,
Tan sin temor de su fama
Como si fuese una dama.

Respuesta

No sé si huya de vos
O busque quien me defienda;
Porque en tan estrecha senda
No ternéis en mucho a dos
Si corréis suelta la rienda.

Y aunque el mote no fue nuevo,
Nueva querella me llama
De vengarme con renuevo,
Si en mí prueba vuestra dama
Cuán justamente os desama.

A una dama

¡Qué buen caballero era,
Perdónele Dios, amén,
Dejando tal heredera!
Si antes de escribir muriera,
¡Oh, cómo muriera bien!
Su pensamiento fue vano,
Aunque sano
Si le terciara el estilo.
Válgale por codicilo,
Pues lo escribió de su mano.

Mas si acuerda de aceptar
Vuesamerced esta herencia,
Quiéroos, señora, avisar
Que no os podéis excusar
De pleito ni diferencia;
Porque el alma que os dio a vos
Es de Dios,
Si quisiere recibirla;
La fe no pudo partirla,
Pues no puede ser de dos.

A un amigo

No os burléis de la invención
De este mi nuevo presente;
Que se hace por razón
Que este caballo bridón
Espuelas no las consiente.

Por su nombre lo veréis
Que derriba de lozano;
Mirad cómo arremetéis,
Porque a lo menos quedéis
Con las riendas en la mano.

A un mal pagador

Pues no se excusa perderos,
Según que camino va,
Yerro pienso que será
Dejar perder mis dineros.

Y pues por tan poco precio
Perderme, señor, queréis,
Más quiero que me acuséis
De importuno que de necio.

A una que se casó con un barbero

Hi de puta, ¿qué señal
De querer quitar baraja?
Estando conmigo mal,
Señora, pesar de tal,
¿Echáis mano a la navaja?

Bastaba para una mora
Los regalos y sainetes
No dármelos ya, señora,
Sin que me queráis agora
Trasquilar a panderetes.

A un caballero

Por grosera cosa ser
Los dejó toda la gente;
Y vos, por bien parecer,
Holgáis, señor, de traer
El vuestro públicamente;
Por tanto, si no queréis
Que reniegue la paciencia,
Suplícoos que os le quitéis,
Salvo si no le traéis
En señal de penitencia.

Que en traer tan sin razón
Collar que tan poco pesa,
A muchos dais ocasión,
Señor, de murmuración,
Juzgándolo por empresa;
Mas, pues para lo dejar
Hay uso sobre razón,
No lo debéis dilatar,
Porque tan pobre collar
Peor es que de jubón.

A una guarnición de terciopelo

En cuero me la envió
Con mil golpes por la cara;
Si el pelo no le faltara,
El tercio bien acudió;

Pues viene sobrerraída,
Señal es que fue borrón,
Porque para guarnición
Viene muy desguarnecida.

Mercado a su chamarra

¡Oh chamarra de papel!
En hora fuerte y menguada
Vos fuistes invencionada,
Pues por vos me dicen cruel.

De cuya causa cuidado
Nace que el alma me arranca;
Que, ¿por qué, siendo vos blanca,
Me paro yo colorado?

Su chamarra a mercado

Más me siento yo injuriada
De vos, descortés hidalgo,
Pues que siendo en paño algo,
En chamarra no soy nada.

Si quedó por mi ocasión
Vuestro pecho sin abrigo,
Vuestra fue la culpa, amigo;
Vuestra fue, que mía, non.

Su chamarra a Canseco

Señor, vos buscáis mi mengua;
Mucha queja de vos tengo,
Pues sabiendo dó yo vengo,
No tenéis tiento en la lengua.

Mis tachas parecerán
Que a vuestra causa mezquina
Caballeros de Medina
Mal amenazado me han.

Canseco a su chamarra

No temáis, chamarra mía,
Que os puedan a vos decir
Si no que por me seguir
Dejastes la compañía.

Si me tuvistes amor,
No estuvistes engañada,
Pues yo os quise deshonrada,
Por veros de mi color.

Pregón general

Hacer manda esta justicia
A las chamarras presentes,
Por los delitos siguientes,
La reina nuestra, Malicia.

Y el pregón de su querella
Desta manera comienza:
«Que salgan a la vergüenza,
Pues osan andar sin ella.»

Salgan según su vejez,
Hagamos honra a las canas,
Salid vos, la de Manzanas,
Hecha en el año de diez;
No aleguéis por leonada;
Que ya, por tener tesón,
Habéis perdido el león,
Y quedastes en la nada.

Vos, Castillejo, salid
Con la que en azul fue novia,
Tejida dentro en Segovia,
Cortada en Valladolid;
Por todo el mundo traída,
Y en su triste senectud
Salió de Calatayud
De viejo luto teñida.

Fernán Pérez eche fuera

La suya, azul, clara y vieja,
A dar cuenta de una ceja
Que tuvo en la delantera,
No le valgan sus afanes,
Aunque alegue por raída,
Pues al cabo de su vida
Se puso de tafetanes.

Diego Ramírez presente
La suya, gris, tinta en lana,
Que tiene muestras de sana
Y secretos de doliente;
Y pasa muy a la clara
Vergüenza, pues la perdió
El día que consintió
Cuchillada por la cara.

La de Alvar Pérez, morada,
Pague por su desamor;
Mas, pues es comendador,
Sea antes desgraduada;
Pero tómenla en los brazos,
Y miren bien a la luz,
Que al quitarla de la cruz
No se les haga pedazos.

Sin culpa sale ni tacha,
Al pregón, la de Tobar,
Pues que mantuvo collar
De seda cuando muchacha,
Mas los ribetes así
Dicen, mostrando su cuero:

«Tiempo es, el caballero,
Tiempo es de andar de aquí.»

Meneses y su cuñado
Saquen sus dos alemanas
A pagar, pues son hermanas,
Juntamente su pecado.
Han cometido traición;
Que en Castilla se criaron,
Y fueron luego, y dejaron
Lo mejor en Aragón.

La de Pinedo se olvida;
Salga acá, dará su vuelta;
Que aunque mal parece suelta,
Muy peor anda ceñida;
Y a todos ponga mancilla;
Que el traidor que la cortó,
De los pliegues la quitó,
Por crecer en la capilla.

Salid vos, la de Sarmiento,
Vieja, oscura y leonada,
Que por mal guarneteada
Podéis perder casamiento;
Y decid esta canción,
Llorando vuestro desastre:
«Por mi mal os vi yo sastre,
Que por vos salgo al pregón.»

Salinas salga, y escote
La suya, mangas de boba,

Que cuando moza fue loba
De luto con capirote;
Y por tales cuchilladas
No se escape de pregones,
Aunque muestre los botones
Con que las tiene cerradas.

La corta desvergonzada
De Piedra, salga a las bodas,
Que para mengua de todas
Las chamarras fue criada;
Y por tan mala invención,
Traje, color y planeta,
No se escape aunque se meta
So las faldas del sayón.

Tapia, el aposentador,
Saque la suya a la pena;
Que aunque su hechura es buena,
Es muy triste su color;
Y también su presunción
Es caso que toca al Papa,
Porque le sirve de capa
Sin tener dispensación.

Salga acá la de Villoria,
Que piensa, por ser ferrete,
De quedar con su ribete,
In perpetua rei memoria;
Mas yo, como amigo fiel,
Que la despida le mando,
Porque le está amenazando

De vivir más que no él.

Salga la desesperada
De Canseco, y dará fe
De cómo dos veces fue
De mala guerra ganada,
Do cobró tales raíces
De codicia por el mundo,
Que aun con el amo segundo
Anda ganando perdices.

Salga con su gruesa lana
La de Somonte a la hora,
Que siete veces fue mora
Y otras tantas alemana;
Y al cabo de sus delitos,
Sin que el Papa lo otorgó,
A San Francisco negó
Por tornarse de benitos.

La de Mercado, alevosa,
Hecha con tanta miseria,
Desque revolvió la feria
Puso pies en polvorosa;
Que viendo que estas padecen
Sin culpa, por su pecado,
Dijo en secreto a Mercado:
«A los pies, señor, que ofrecen.»

No falta quien las acuse,
Que las manden desterrar;
Mas tornóse a revocar

Porque no hay quien ya las use:
Y es el mal que sin consuelo
Ni esperanza quedarán
Que esta mengua que les dan
Jamás se la cubra pelo.

A un maestresala

Maestresala, sentir pena
No debéis de esta costumbre;
Que siendo tan ruin la cena,
Ruin ha de ser, y no buena,
La lumbre con que se alumbre;
Pero puédese pensar,
De veros ir con linterna
Acompañando al manjar,
Que queréis con él entrar
A cenar en la taberna.

Ciertos caballeros al autor

Siempre en jueves, de la cena
Por remembranza y memoria,
Solemos estar en pena;
Pero vos, según se suena,
Diz que estuvistes en gloria.

Los banquetes son crueles
Do carne sola se da;
Mas esto no se dirá,
Pues las tortas y pasteles
Bien las supimos acá.

Respuesta del autor

Injustamente condena
Mi fama la falsa historia;
Mal se habla en culpa ajena
En una casa tan llena
De culpa, y culpa notoria.

Al repique de broqueles
Estáis tan a punto ya,
Que do quier que carne está,
No son puestos, los manteles,
Cuando la huelen allá.

Razonamiento de un capitán a su gente

Señores y compañeros
Que salistes de Bohemia
Por virtud, y no por premia,
A ganar honra y dineros,
Ya sabéis que hasta aquí,
Mientras quiso la fortuna,
No ha habido falta ninguna
Por vosotros ni por mí.

Agora, por los pecados
De alguno, veis que nos vemos
Do de hambre perecemos,
De toda parte cerrados.
Veis los turcos poderosos
Y más fuertes a la fin,
Y muerto Pedro Rachín
Y otros hombres valerosos.

Pues ya que con osadía
Queramos acometellos,
Antes de tocar en ellos
Nos mata el artillería.
Para estar aquí perdidos
Estas causas grandes son,
Cuanto más que hay traición
Y estamos todos vendidos.

Y por nuestra mala suerte,
Si esperamos a mañana,

Moriremos, y no gana
El Rey nada en nuestra muerte,
El remedio es retraer,
Por excusar tanto mal,
Y el Capitán General
Es del mismo parecer.

Y caso que de este hecho
Alguna mengua ganemos,
Al menos excusaremos
De no morir sin provecho.
Cualquier daño y perdición
Con la vida se repara;
Más vale vergüenza en cara
Que mancilla en corazón.

Pero diga quien dijere:
Que si es honra combatir,
Nos es menos saber huir
Cuando el tiempo lo requiere.
Aperciba, pues, cualquiera
Los pies, si queréis salvaros,
Porque yo pienso llevaros,
Si puedo, la delantera.

A un caballero su amigo

Pues estáis donde me vi
Con tan próspera aventura,
Gozad del bien mientras dura;
Dejen todos para mí
El dolor y la amargura.
Pídeme la voluntad
Con grave necesidad
Que no esté sin veros hoy;
¿Qué haré ¡triste que soy!
Ajeno de libertad?

Mas, pues de las ansias mías
El remedio está apartado,
Quédese por escusado,
Y vuélvanse mis porfías
A cumplir vuestro mandado.
Juno, Venus y Diana,
Todas tienen una gana
De dar al dueño su cuarta:
Mas la que menos se aparta
Piensa que es la más anciana.

A un vizcaíno pidiendo aguinaldo

Servido no ge lo tienes,
Aunque en gana le tenía;
Mas mire su señoría,
Generación, dónde vienes.

No mires merecimiento
De barbero guipuzquiano,
Mas el razón que le cuento;
Y Machín vaya contento
Con guinaldo de su mano.

El mismo

El Navidad es pasado,
Y Reyes otro que sí;
Mas del copla que le di
Ya le tienes olvidado.

Prometido pues me había
El aguinaldo, señor,
Mande vuestra señoría
Que la cumpla todavía
Con Machín, su servidor.

A un hermafrodito

Cuando mi madre cuitada
En el vientre me traía,
Viéndose grave, pesada,
Diz que a los dioses, penada,
Consultó qué pariría.
Febo dijo: «Varón es».
Marte hembra, y neutro Juno.
Yo, naciendo, era después
Hermafrodito, y de tres,
Dijo verdad cada uno.

Preguntando el fin qué habría
Tras esto, dijo la Diosa
Que con armas moriría.
Marte dijo que sería
Muerto de cruz espantosa.
Febo dijo: «En agua espera
Acabar su triste vida».
La suerte, en fin, de cualquiera
Dellos en mí fue cumplida,
Y por mi mal valedera.

En un árbol que hacía
Sombra al agua me subió
La triste ventura mía,
Do la espada que ceñía
Abajo se me cayó;
Y yo, acaso desdichado,
También allí desbarré;

Y cayendo así turbado,
Sobre ella quedé colgado
De las ramas por el pie.

La cabeza encontinente
Fue en el agua çapuzada,
Y el cuerpo quedó pendiente,
Quedando yo juntamente
Mal herido de mi espada.
Y desta suerte pendiendo,
Perdí la vida y la luz,
Y al fin acabé sufriendo.
Hembra, macho y neutro siendo,
Muerte de agua, hierro y cruz.

Sonetos

I

Si las penas que dais son verdaderas,
Como bien lo sabe el alma mía,
¿Por qué no me acaban? y sería
Sin ellas el morir muy más de veras;

Y si por dicha son tan lisonjeras,
Y quieren retozar con mi alegría,
Decid, ¿por qué me matan cada día
De muerte de dolor de mil maneras?

Mostradme este secreto ya, señora,
Sepa yo por vos, pues por vos muero,
Si lo que padezco es muerte o vida;

Porque, siendo vos la matadora,
Mayor gloria de Pena ya no quiero
Que poder alegar tal homicida.

II

Musas italianas y latinas,
Gentes en estas partes tan extraña,
¿Cómo habéis venido a nuestra España
Tan nuevas y hermosas clavellinas?

O ¿quién os ha traído a ser vecinas
Del Tajo, de sus montes y campaña?
O ¿quién es el que os guía y acompaña
De tierras tan ajenas peregrinas?—

—Don Diego de Mendoza y Garcilaso
Nos trujeron, y Boscán y Luis de Haro
Por orden y favor del dios Apolo.

Los dos llevó la muerte paso a paso,
Solimán el uno y por amparo
Nos queda don Diego, y basta solo.

III

Garcilaso y Boscán, siendo llegados
Al lugar donde están los trovadores
Que en esta nuestra lengua y sus primores
Fueron en este siglo señalados,

Los unos a los otros alterados
Se miran, con mudanza de colores,
Temiéndose que fuesen corredores
Espías o enemigos desmandados;

Y juzgando primero por el traje,
Pareciéronles ser, como debía,
Gentiles españoles caballeros;

Y oyéndoles hablar nuevo lenguaje
Mezclado de extranjera poesía,
Con ojos los miraban de extranjeros.

Mas ellos

Mas ellos, caso que estaban
Sin favor y tan a solas,
Contra todos se mostraban,
Y claramente burlaban
De las coplas españolas,
Canciones y villancicos,
Romances y cosa tal,
Arte mayor y real,
Y pies quebrados y chicos,
Y todo nuestro caudal.

Y en lugar destas maneras
De vocablos ya sabidos
En nuestras trovas caseras,
Cantan otras forasteras,
Nuevas a nuestros oídos:
Sonetos de grande estima,
Madrigales y canciones
De diferentes renglones,
De octava y tercera rima
Y otras nuevas invenciones.

Desprecian cualquiera cosa
De coplas compuestas antes,
Por baja de ley, y astrosa
Usan ya de cierta prosa
Medida sin consonantes.
A muchos de los que fueron
Elegantes y discretos

Tienen por simples pobretos,
Por solo que no cayeron
En la cuenta a los sonetos.

Daban, en fin, a entender
Aquellos viejos autores
No haber sabido hacer
Buenos metros ni poner
En estilo los amores;
Y que el metro castellano
No tenía autoridad
De decir con majestad
Lo que se dice en toscano
Con mayor felicidad.

Mas esta falta o manquera
No la dan a nuestra lengua,
Que es bastante y verdadera,
Sino solo dicen que era
De buenos ingenios mengua;
Y a la causa en lo pasado
Fueron todos carecientes
Destas trovas excelentes
Que han descubierto y hallado
Los modernos y presentes.

Viendo pues que presumían
Tanto de su nueva ciencia,
Dijéronles que querían
De aquello referían
Ver algo por experiencia;
Para prueba de lo cual,

Por muestra de novel uso,
Cada cual de ellos compuso
Una rima en especial,
Cual se escribe aquí de yuso

¿Quién no llora lo pasado?

¿Quién no llora lo pasado
viendo cual va lo presente?,
¿Quién es aquel que no siente
lo que ventura ha quitado?

Yo me vi ser bien amado,
mi deseo en alta cima;
contemplar en lo pasado
La memoria me lastima.

Y pues todo me es ausente
no sé cual remedio escoja;
bien y mal todo me enoja,
¡cuitado de quien lo siente!

Tiempo fue y horas ufanas
las que mi vida gozaron,
donde tristes se sembraron
los simientes de mis canas.

Y pues si tiene por bueno,
bien puedo decir así.

Dame, amor, besos sin cuento

Dame, Amor, besos sin cuento,
asida de mis cabellos,
y mil y ciento tras ellos
y tras ellos mil y ciento,
y después
de muchos millares, tres;
y porque nadie lo sienta,
desbaratemos la cuenta
y contemos al revés.

Canción

I

Aquí no hay
sino ver y desear;
aquí no veo
sino morir con deseo.

Madre, un caballero
que está en este corro
a cada vuelta
hacíame del ojo.
Yo, como era bonica,
teníaselo en poco.

Madre, un escudero
que estaba en esta baila
a cada vuelta
asíame de la manga.
Yo, como soy bonica,
teníaselo en nada.

II

Aquel caballero, madre,
como a mí le quiero yo,
y remedio no le dó.

Él me quiere más que a sí,
yo le mato de cruel;
mas en serlo contra él
también lo soy contra mí.

De verle penar así
muy penada vivo yo,
y remedio no le dó.

Villancico

No pueden dormir mis ojos,
no pueden dormir.

Pero, ¿cómo dormirán
cercados en derredor
de soldados de dolor,
que siempre en armas están?
Los combates que les dan,
no los pudieron sufrir,
no pueden dormir.

Alguna vez, de cansados
del angustia y del tormento,
se duermen que no lo siento,
que los hallo transportados;
pero los sueños pesados
no les quieren consentir
que puedan dormir.

Mas ya que duermen un poco,
están tan desvanecidos,
que ellos quedan aturdidos,
yo poco menos de loco;
y si los muevo y provoco
con cerrar y con abrir,
no pueden dormir.

Visita de amor

Unas coplas muy cansadas,
con muchos pies arrastrando,
a lo toscano imitadas,
entró un amador cantando,
enojosas y pesadas

Cada pie con dos corcovas,
y de peso doce arrobas,
trovadas al tiempo viejo.
dios perdone a Castillejo,
que bien habló de estas trovas.

Dijo Amor: «¿Dónde se aprende
este metro tan prolijo,
que las orejas ofende?
—Algarabía de allende—:
el sujeto frío y duro,
y el estilo tan oscuro,
que la dama en quien se emplea
duda por sabia que sea,
si es requiebro o es conjuro».

«Ved si la invención es basta,
pues Garcilaso y Boscán,
las plumas puestas por asta
cada uno es un Roldán,
y, con todo, no le basta;
yo no alcanzo cual engaño
te hizo para tu daño,

con locura y desvarío,
meter en mi señorío
moneda de reino extraño.»

«Con dueñas y con doncellas
—dijo Venus—, ¿qué pretende
quien las dice sus querellas
en lenguaje que no entiende
él, ni yo, ni vos, ni ellas?
Sentencio al que tal hiciere
que la dama por quien muere
lo tenga por cascabel,
y que haga burla dél
y de cuanto le escribiere.»

Libros a la carta

A la carta es un servicio especializado para empresas, librerías, bibliotecas, editoriales y centros de enseñanza; y permite confeccionar libros que, por su formato y concepción, sirven a los propósitos más específicos de estas instituciones.

Las empresas nos encargan ediciones personalizadas para marketing editorial o para regalos institucionales. Y los interesados solicitan, a título personal, ediciones antiguas, o no disponibles en el mercado; y las acompañan con notas y comentarios críticos.

Las ediciones tienen como apoyo un libro de estilo con todo tipo de referencias sobre los criterios de tratamiento tipográfico aplicados a nuestros libros que puede ser consultado en Linkgua-ediciones.com.

Linkgua edita por encargo diferentes versiones de una misma obra con distintos tratamientos ortotipográficos (actualizaciones de carácter divulgativo de un clásico, o versiones estrictamente fieles a la edición original de referencia).

Este servicio de ediciones a la carta le permitirá, si usted se dedica a la enseñanza, tener una forma de hacer pública su interpretación de un texto y, sobre una versión digitalizada «base», usted podrá introducir interpretaciones del texto fuente. Es un tópico que los profesores denuncien en clase los desmanes de una edición, o vayan comentando errores de interpretación de un texto y esta es una solución útil a esa necesidad del mundo académico.

Asimismo publicamos de manera sistemática, en un mismo catálogo, tesis doctorales y actas de congresos académicos, que son distribuidas a través de nuestra Web.

El servicio de «libros a la carta» funciona de dos formas.

1. Tenemos un fondo de libros digitalizados que usted puede personalizar en tiradas de al menos cinco ejemplares. Estas personalizaciones pueden ser de todo tipo: añadir notas de clase para uso de un grupo de estudiantes, introducir logos corporativos para uso con fines de marketing empresarial, etc. etc.

2. Buscamos libros descatalogados de otras editoriales y los reeditamos en tiradas cortas a petición de un cliente.

www.ingramcontent.com/pod-product-compliance
Lightning Source LLC
Chambersburg PA
CBHW022121040426
42450CB00006B/789